A la rueda, rueda

AUTORAS

María Acosta ❖ Ramonita Adorno de Santiago ❖ JoAnn Canales ❖ Kathy Escamilla
Joanna Fountain-Schroeder ❖ Lada Josefa Kratky ❖ Sheron Long ❖ Elba Maldonado-Colón
Sylvia Cavazos Peña ❖ Rosalía Salinas ❖ Josefina Villamil Tinajero
María Emilia Torres-Guzmán ❖ Olga Valcourt-Schwartz

Macmillan/McGraw-Hill
A Division of The **McGraw·Hill** Companies

NEW YORK   FARMINGTON

Teacher Reviewers

Hilda Angiulo, Jeanne Cantú, Marina L. Cook, Hilda M. Davis, Dorothy Foster, Irma Gómez-Torres, Rosa Luján, Norma Martínez, Ana Pomar, Marta Puga

ACKNOWLEDGMENTS

The publisher gratefully acknowledges permission to reprint the following copyrighted material:

"A la rueda, rueda" (excerpted from "Ronda del león") by Marcos Leibovich from ARCOIRIS DE POESÍA INFANTIL. Edited by Lucía Araya and Clementina Maldonado. © Editorial Universitaria, 1987. Used by permission of the publisher.

"¡Ay, ay, ay! ¡Qué patatús!" from UNA, DOLA, TELA, CATOLA by Carmen Bravo-Villasante. Published by Susaeta Ediciones, Madrid. Reprinted and expanded by permission of the publisher.

"Una mosca" and "En coche" from RIMAS TONTAS by Ernesto Galarza. Copyright 1971 Ernesto Galarza. Used by permission of Mae Galarza.

¡COCÓ YA NO ESPERA MÁS! translation of the entire text of COCO CAN'T WAIT by Taro Gomi. HAYAKU AITAINA by Taro Gomi. Copyright © 1979 by Taro Gomi. English/Spanish translation rights arranged with Ehonkan Co. Ltd. through Japan Foreign-Rights Centre. Reprinted by permission.

"La bicicleta" (originally titled "Bicicletas") by Ángela Figuera Aymerich from CANCIONES PARA TODO EL AÑO. © 1984, EDITORIAL TRILLAS, S.A. DE C.V. Used by permission of the publisher.

TRÁFICO: UN LIBRO DE OPUESTOS translation of the entire text of TRAFFIC: A BOOK OF OPPOSITES by Betsy Maestro and Giulio Maestro. Text copyright © 1981 by Betsy Maestro. Illustrations copyright © 1981 by Giulio Maestro. This translation published by arrangement with Crown Publishers, Inc. Reprinted by permission of Crown Publishers.

"A man on horseback" and "A road sign" from RIDDLES OF MANY LANDS by Carl Withers and Sula Benet. © Copyright 1956 by Carl Withers and Sula Benet. Published by Abelard-Schuman.

"El semáforo" from 400 ADIVINANZAS INFANTILES by A.L. Jáuregui. © Editorial Avante, S.A. Used by permission of the publisher.

"A Selection of African Riddles" from THE STORY VINE by Anne Pellowski. Text copyright © 1984 by Anne Pellowski. Reprinted by permission of Macmillan Publishing Company.

We are grateful for permission to reproduce the book covers only of the following books:

TON-TÓN, EL GIGANTÓN by Ina Cumpiano. Copyright © 1992 Hampton-Brown Books.

PAN, PAN, GRAN PAN by Ina Cumpiano. Copyright © 1990, 1992 Hampton-Brown Books.

LA VUELTA AL MUNDO by Javier Villafañe. © Javier Villafañe, 1986. © Juan Ramón Alonso, 1986. © Espasa-Calpe, S.A. 1986.

CHIGÜIRO VIAJA EN CHIVA by Ivar Da Coll. Copyright 1987 by Editorial Norma, S.A.

BARCOS, BARCOS, BARCOS by Joanna Ruane. Spanish version by Lada Josefa Kratky. Spanish version © 1990 Childrens Press, Inc.

COVER DESIGN: Designframe Inc., N.Y.C.
COVER ILLUSTRATION: José Ortega

DESIGN: The Hampton-Brown Company

ILLUSTRATION CREDITS
Glen Iwasaki, 4-5 (bkgds. & typography); Cyd Moore, 6-33; Illustration copyright © 1981 by Giulio Maestro. Reprinted by permission of Crown Publishers, 99; Glen Iwasaki, 100-101; Fred Schrier, 102-103.

PHOTOGRAPHY CREDITS
30: Darren Ferreira. 34: Courtesy of Japan Foreign Rights Centre. 66-67: Comstock. 68: Richard Cooley.

Macmillan/McGraw-Hill
A Division of The **McGraw·Hill** Companies

Copyright © 1997 Macmillan/McGraw-Hill, a Division of the Educational and Professional Publishing Group of The McGraw-Hill Companies, Inc.

All rights reserved. No part of this book may be reproduced or transmitted in any form or by any means, electronic or mechanical, including photocopying, recording, or by any information storage and retrieval system, without permission in writing from the publisher.

Macmillan/McGraw-Hill
1221 Avenue of the Americas
New York, New York 10020

Printed in the United States of America
ISBN 0-02-181921-1 / 1, L.2
1 2 3 4 5 6 7 8 9 RRW 01 00 99 98 97 96

A la rueda, rueda

A la rueda, rueda,
rueda como puedas
con o sin ruedas
que si no te quedas.

Marcos Leibovich

A la RUEDA, RUEDA

6
¡Qué patatús!
cuento basado en un poema tradicional
versión de Ina Cumpiano, ilustraciones de Cyd Moore

Ruedas de moto, ruedas de patines, ruedas de bicicleta—ruedas de todo tipo ruedan por la ciudad.

34
¡Cocó ya no espera más!
cuento
*texto e ilustraciones de Taro Gomi
libro en español de Aída E. Marcuse*
Premio Sankei, Japón; Ganador del Premio Gráfico en la feria del libro infantil de Bolonia

Cocó sale a visitar a su abuelita. La abuelita sale a visitar a Cocó. ¿Se encontrarán?

68
Tráfico: Un libro de opuestos
cuento
texto e ilustraciones de Betsy y Giulio Maestro
libro en español de Juan Quintana
**Libro Notable de la Asociación de Bibliotecas Americanas;
Libro *Child Study* del Año;
Libro del Año, *Library of Congress***

Sube, baja; rápido, despacio; por arriba, por abajo. Un carrito recorre la ciudad.

Poesía

32
Corren, corren por la carretera

Una mosca
Ernesto Galarza

Motocicleta
Lada Josefa Kratky

En coche
Ernesto Galarza

66
La bicicleta
Ángela Figuera Aymerich

99
Al ir derecho
tradicional

Dale más vueltas

102
Adivinanzas para los trotamundos
tradicionales

A ver si adivinas éstas.

Libros de la biblioteca

100
¡Para y lee!

La vuelta al mundo
Javier Villafañe
ilustraciones de Juan Ramón Alonso

Barcos, barcos, barcos
Joanna Ruane
libro en español de Lada Josefa Kratky
ilustraciones de Patti Boyd

Chigüiro viaja en chiva
texto e ilustraciones de Ivar da Coll

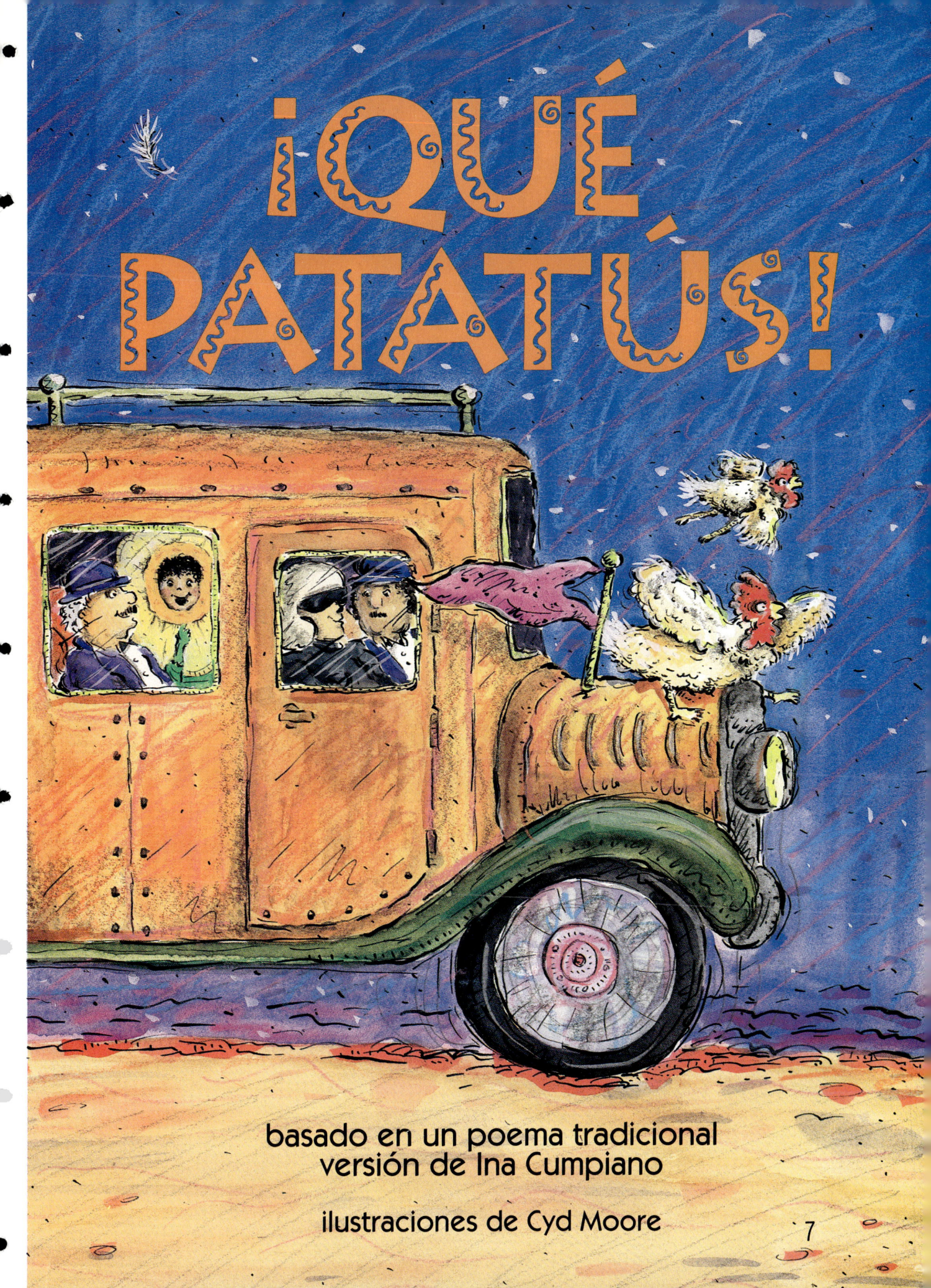

¡QUÉ PATATÚS!

basado en un poema tradicional
versión de Ina Cumpiano

ilustraciones de Cyd Moore

¡Ay, ay, ay! ¡Qué patatús, cuando vas en ómnibus!

¡Ay, ay, ay! ¡Qué patatús, cuando vas en ómnibus!

Pedalea aquí, pedalea allá.
Pedalea, pedalea.

¿Adónde vas?

¡Ay, ay, ay! ¡Qué pataleta, cuando vas en bicicleta!

Patina aquí, patina allá.
Patina, patina.

¿Adónde vas?

¡Ay, ay, ay! ¡Qué patatines, cuando vas en tres patines!

Vuela aquí, vuela allá.
Vuela, vuela.

¿Adónde vas?

¡Ay, ay, ay! ¡Qué pataneta, cuando vas en avioneta!

¡Ay, ay, ay! ¡Qué pataloto, cuando vas en una moto!

Tambalea aquí,
tambalea allá.
Tambalea, tambalea.

¿Adónde vas?

Conozcamos a Ina Cumpiano

Ina Cumpiano viaja mucho—en barco, en tren, en autobús y en avión. Al escribir "¡Qué patatús!", Ina se imaginó todos los modos de aparecer en un desfile, y ¡zas! salió el cuento. Aquí tienes otros libros de Ina que también te harán reír.

Ton-tón, el gigantón
por Ina Cumpiano

En este cuento, basado en una leyenda ecuatoriana, dos campesinos logran triunfar sobre el gigante más gigante de toda la comarca. Pídele a alguien que te lea este libro.

Pan, pan, gran pan
por Ina Cumpiano

Un día la masa del pan se pone a crecer, y crece hasta llenarlo todo. ¿Te imaginas lo que pasaría?

Una mosca mexicana
oriunda de Acaponeta
a las seis de la mañana
se paseaba en bicicleta.

—Ernesto Galarza

—Súbete a mi moto, Cleta.
Súbete a mi moto, Cleta.
—A la moto no, Memé.
—A la moto sí, Cleta.

—Lada Josefa Kratky

por la carretera

Una vez
un avestruz
se rompió el testuz
por andar en coche
de noche
sin luz.

—Ernesto Galarza

Conozcamos a Taro Gomi

Taro Gomi vive en el Japón. Cuando escribió "¡Cocó ya no espera más!" usó palabras en japonés para contar su cuento. Más tarde, el cuento fue traducido a diferentes idiomas, para que más niños lo pudieran leer.

El autor explica que en japonés, el nombre de Cocó es Yo-chan. Yo-chan es también el nombre de su hija mayor.

Se le preguntó a Taro Gomi cómo se le ocurrió la idea para este cuento. Dijo: —Conocía a una mujer como la abuela de Cocó. Siempre me venía a visitar sin avisar.

¡Cocó ya no espera más!

cuento e ilustraciones de **Taro Gomi**

libro en español de **Aída E. Marcuse**

Cocó vive en la cima de la colina, en la casa de techo morado.

La abuela vive en la montaña,
en la casa de techo anaranjado.

Un día, Cocó tenía muchas ganas de ver a su abuela.

Y la abuela tenía muchas ganas de ver a Cocó.

43

—¡Ay de mí! ¡Cocó no está aquí!

—¡Oh, no! ¡Mi abuela no está aquí!

—¡Oh, no! ¡Mi abuela no está aquí!

—¡Ay de mí! ¡Cocó no está aquí!

—Ya no puedo esperar más.

—No hay un minuto que perder.

—¡Oh! ¡Qué ganas tengo de ver a mi abuela!

—¡Oh! ¡Qué ganas tengo de ver a Cocó!

—¡Hola, Abuela!

—¡Hola, Cocó!

—Abuela, este árbol queda a mitad de camino. La próxima vez nos veremos aquí.

Y la abuela y Cocó se comieron todas las manzanas que había en la cesta.

La bicicleta

Por la carretera,
geometría alegre
de las bicicletas:
Rueda, rueda, rueda . . .

Por la cuesta arriba,
duro a los pedales:
Tira, tira, tira . . .

Por la cuesta abajo,
—chopos que se alejan
a uno y otro lado— . . .
Vuela, vuela, vuela . . .

—Ángela Figuera Aymerich

Conozcamos a Betsy y Giulio Maestro

Betsy y su esposo Giulio Maestro, los autores de "Tráfico: un libro de opuestos", han escrito muchos libros juntos. Giulio siempre hace los dibujos y Betsy escribe las palabras.

Cuando era niña, Betsy vivía en Nueva York y viajaba con su hermano por toda la ciudad en metro y en bicicleta. A lo mejor durante uno de esos viajes fue cuando tuvo la idea de escribir "Tráfico: un libro de opuestos".

Tráfico
UN LIBRO DE OPUESTOS

cuento e ilustraciones de
Betsy y Giulio Maestro

libro en español de Juan Quintana

Vete a casa, carrito.
Cruza por **encima** del puente.

Pasa por **debajo** del puente.

Dobla a la **izquierda**.

Dobla a la **derecha**.

73

Para si la luz es roja.

Sigue si la luz es verde.

Ve **despacio** si hay mucho tráfico.

Ve **rápido** en la autopista.

Pasa un carro **grande**.

Pasa un carro **chico**.

Aquí va un camión **vacío**.

Allá va un camión **lleno**.

Para cuando **baja** la barrera.

Sigue cuando **sube** la barrera.

Ve por un camino **estrecho**.

Ve por un camino **ancho**.

¡Qué **oscuro** es el túnel!

¡Qué **claro** es el día!

Por ahí va un tren **largo**.

Por aquí viene uno **corto**.

Esa casa está **lejos**.

Ésta está **cerca**.

Sube y sube por la **alta** colina.

Baja y baja hasta el **bajo** valle.

Así es el autobús por **delante**.

Así es el autobús por **detrás**.

Sigue todo el **día**.

Sigue toda la **noche**.

97

¡Ya llegaste, carrito!
Buenas noches.

Al ir derecho

Voy derecho
y no me quito,
por la calle
de Tampico.

—Tradicional

Rápido ruedan las ruedas

Barcos, barcos, barcos
por Joanna Ruane
libro en español
de Lada Josefa Kratky

¿Quisieras viajar en barco? En este libro verás muchos diferentes tipos de barcos y unos chistosos puercos marineros.

La vuelta al mundo
por Javier Villafañe

Un niño decide dar la vuelta al mundo en su triciclo. Le siguen durante su paseo muchos animales. Pídele a una persona mayor que te lea este cuento.

Chigüiro viaja en chiva
por Ivar Da Coll

Este lindo libro sin palabras te presenta al chigüiro, un animalito muy gracioso. Los dibujos te cuentan su chistoso viaje en camión. Te toca a ti inventar las palabras que van con los dibujos.

Adivinanzas para los trotamundos

Súbete a tu moto y rueda por estas adivinanzas de muchas partes del mundo.

Del Japón

¿Qué tiene seis patas pero anda en cuatro?

De Rusia

¿Qué cosa no ve nada, pero le muestra el camino a los demás?

De México

Tengo un ojo verde
y otro colorado.
Con el rojo se
paran los coches,
con el verde
siguen caminando.

De África

Soy culebra,
sin cabeza ni cola.

un letrero
un hombre a caballo
un semáforo
un camino

ACKNOWLEDGMENTS

The publisher gratefully acknowledges permission to reprint the following copyrighted material:

"A la rueda, rueda" (excerpted from "Ronda del león") by Marcos Leibovich from ARCOIRIS DE POESÍA INFANTIL. Edited by Lucía Araya and Clementina Maldonado. © Editorial Universitaria, 1987. Used by permission of the publisher.

"¡Ay, ay, ay! ¡Qué patatús!" from UNA, DOLA, TELA, CATOLA by Carmen Bravo-Villasante. Published by Susaeta Ediciones, Madrid. Reprinted and expanded by permission of the publisher.

"Una mosca" and "En coche" from RIMAS TONTAS by Ernesto Galarza. Copyright 1971 Ernesto Galarza. Used by permission of Mae Galarza.

¡COCÓ YA NO ESPERA MÁS! translation of the entire text of COCO CAN'T WAIT by Taro Gomi. HAYAKU AITAINA by Taro Gomi. Copyright © 1979 by Taro Gomi. English/Spanish translation rights arranged with Ehonkan Co. Ltd. through Japan Foreign-Rights Centre. Reprinted by permission.

"La bicicleta" (originally titled "Bicicletas") by Ángela Figuera Aymerich from CANCIONES PARA TODO EL AÑO. © 1984, EDITORIAL TRILLAS, S.A. DE C.V. Used by permission of the publisher.

TRÁFICO: UN LIBRO DE OPUESTOS translation of the entire text of TRAFFIC: A BOOK OF OPPOSITES by Betsy Maestro and Giulio Maestro. Text copyright © 1981 by Betsy Maestro. Illustrations copyright © 1981 by Giulio Maestro. This translation published by arrangement with Crown Publishers, Inc. Reprinted by permission of Crown Publishers.

"A man on horseback" and "A road sign" from RIDDLES OF MANY LANDS by Carl Withers and Sula Benet. © Copyright 1956 by Carl Withers and Sula Benet. Published by Abelard-Schuman.

"El semáforo" from 400 ADIVINANZAS INFANTILES by A.L. Jáuregui. © Editorial Avante, S.A. Used by permission of the publisher.

"A Selection of African Riddles" from THE STORY VINE by Anne Pellowski. Text copyright © 1984 by Anne Pellowski. Reprinted by permission of Macmillan Publishing Company.

We are grateful for permission to reproduce the book covers only of the following books:

TON-TÓN, EL GIGANTÓN by Ina Cumpiano. Copyright © 1992 Hampton-Brown Books.

PAN, PAN, GRAN PAN by Ina Cumpiano. Copyright © 1990, 1992 Hampton-Brown Books.

LA VUELTA AL MUNDO by Javier Villafañe. © Javier Villafañe, 1986. © Juan Ramón Alonso, 1986. © Espasa-Calpe, S.A. 1986.

CHIGÜIRO VIAJA EN CHIVA by Ivar Da Coll. Copyright 1987 by Editorial Norma, S.A.

BARCOS, BARCOS, BARCOS by Joanna Ruane. Spanish version by Lada Josefa Kratky. Spanish version © 1990 Childrens Press, Inc.

DESIGN: The Hampton-Brown Company

ILLUSTRATION CREDITS
Glen Iwasaki, 4-5(bkgds. & typography); Cyd Moore, 6-33; Illustration copyright © 1981 by Giulio Maestro. Reprinted by permission of Crown Publishers, 99; Glen Iwasaki, 100-101; Fred Schrier, 102-103.

PHOTOGRAPHY CREDITS
30: Darren Ferreira. 66-67: Comstock. 68: Richard Cooley.